Für den TIEGER

Marcus A. König-----
----+--------#------+--

LYRRHICK

,,There´s a crack in everything
That´s how the light goes in.“

L. Cohen

Herstellung: Libri Books on Demand
ISBN: 3-89811-723-5

DER ERSTE TAG DER ZUKUNFT

Das Loch am grünen Himmel
Das Sonne heißt /wie jeder weiß
Doch niemand weiß /was geschieht
In heller Nacht /wenn der Tod erwacht
Und die Tempel stürzen ein
Das Heim des Schattenadlers wird betreten
Das Beten /vergeblich /ob redlich
oder nicht / was zusammenbricht
Hält niemand heil / wenn das Beil
Und die Blitze niedergehen
Sind nur Spitzen zu sehen
Die singenden Klingen / überall
Der Schall der Rufe und Hufe
Das Regenprasseln Kettenrasseln
In dumpfer Verfremdung /Verelendung
Des Augenblicks des Mißgeschicks
Am Tatort des Glücks
Wenn das Blaulicht geht
Und die Völker der Endzeit mit Handsirenen
Die Sinustöne dehnen
Es am grünen Himmel
/wimmelt von Notscheinwerferlichtkegeln
Der Wasserpegel unaufhörlich steigt und der mit dem
Schnurrbart sein schiefes Liedchen geigt
Zehn Schuss im Magazin /Benzin
Von Ougadougou nach Berlin
Du wirst sehen, mein Freund, es wird
Ein schönes Fest /Wenn die Pest
Kommt sind wir über allen Bergen
Und trinken mit den Zwergen
Bis die Sonne untergeht und mit Leuchtschrift
Am grünen Himmel steht:
        - - - - - - - - d/fx(1 1 dtransform 0 ge(1 sub 0.5

/DIE HELDEN

Wir lehnen uns zurück
Gemeinsam
/nach großer Fahrt
haben uns nichts erspart
Nur die Ruhe nach dem Tag
Nach dem Aus/schwärmen /sich erwärmen
In der glitzernden Hitze /Taten tun
Nur die Helden, die melden
/sich
Einfach nicht

Wir lehnen uns zurück
Gemeinsam
Der Tieger und ich – ein Blick
/genügt und es fügt /sich
Dass wir zueinander passen
Uns auf den einen /anderen verlassen
/Halten zusammen /die Augen auf
Und am Lauf des großen /Flusses
Muss es sein

Ob die Helden /sich melden
/oder nicht /ist egal
Denn der Tieger und ich
Wir lehnen uns zurück

EINZELN ZURÜCK

Stell dich ins Licht
Jungs weinen nicht
Wer bringt mir den Engel
Weit weg auf der anderen Seite
zurück

Ein Mann mit Krücken, so langsam

Kilometer vor mir, hinter uns
Ein Weg, der längste - hoffentlich (-) zum Himmel

Ein Mann kehrt den Hof, so friedlich

Ein festes Pedal und fliegende Häuser
Die Angst vor dem leeren kalten glatten Tuch
Dem schweigenden Ende der einsamen Nacht das dem
Namen des Morgens Schande macht

Lieb mich heute noch für übermorgen
Mit
Wer weiß wann der Preis
Zu zahlen ist zählen
Wir bis dahin nicht
Die Zeit die Zellen
Die sich teilen
Nicht mehr heilen
Der Keil zwischen Kontinenten
Von Instrumenten überspielt

Ein Mann am Abend
Die Bank vor seinem Haus

ENDLAGER

In tiefen Stollen vom Tage vergessen
Wartet geduldig der Abfall der Zeit
Uralte Fässer vom Rost zerfressen
Halten sich für ihre Rückkehr bereit

Heraus aus den feuchten, finsteren Gräbern
Strebt was wir dort für immer versenkt
Das tödliche Erbe unserer Väter
Das bald schon das Leben der Enkel bedrängt

Der Tag wird kommen, an dem die Toten
Verstoßenen, Ermordeten auferstehen
Die reden, denen wir Schweigen geboten
Auch wird man blutige Hände sehen

RASTPLATZ

Durch zerbeulte Cola-Dosen
Frißt sich dreckig-roter Rost
Im Eimer geben welke Rosen
Dem blauen Nylon wenig Trost

Der starre Nebenfluß aus Stein
Liegt lastend grau auf totem Gras
In Splittern bricht sich fahler Schein
Es riecht nach frischem Auspuffgas

Der Liebe, der die Rosen galten
Wer gab sie ihr ? Wo mag sie sein ?
Sie hat wohl hier kurz angehalten
Nun rast man ohne sie - allein

EIN NEUER TAG

Kampfflugzeuge donnern tief hin durch die Lüfte
Bomben grinsen finster durch die Bunkergrüfte
Unsichtbare Mauern fallen Schlag auf Schlag
Es brüllt in unsren Ohren wie Musik am letzten Tag

Finger zittern über schuldlos kleine Knöpfe
Unauslöschbar klebt das Ende in den Köpfen
Ein Schaltkreis wird geschlossen.
Ein Triebwerk hustet Feuer
Aus der Erde hebt sich funkelnd steil ein Ungeheuer

Der Pfeil aus Stahl durchbohrt den Morgenhimmel heiß
Es leuchtet in den Augen. Die Dämmerung ist weiß
Der schnelle Tod fährt heute reiche Ernte ein
Ein neuer Tag bricht an im γ-Strahlen-Schein

STROMFLUT

Es regnet Blut und heiße Küsse
Exekutionen und Genüsse
Motoren donnern monochrom
Durch den TränenWirbelStrom

Der Donnerstunde Schallgezitter
Folgt dem grellen Blitzgewitter
Farbenmeere aus Metall
Versprühen zischend sich im All

An Kacheln kracht Massakerklang
Dem Schöpfergott zum Lobgesang
Im Sinnenrausch treibt unser Geist
Durchrast die Zeit, die Leben heißt

Es regnet dunkles Blut und Küsse
Der bunte Tod dringt durch die Risse
Bis naß das Haar am Haupte klebt
Die Flut saust hin, du hast gelebt

DER MENSCH ZU BEGINN DES NEUEN JAHRTAUSENDS

Sie haben was erreicht im Leben
Ein Fertighaus im Neubaugebiet
Die Doppelgarage dicht daneben
In der ihr neuer Mercedes steht

Zu den Nachbarn ist man freundlich
Spricht vom Wetter dies und das
Abends glüht der Fernseher heimlich
Man spendet für die Caritas

Gemeinsam bucht man zweimal jährlich
Hochglanzurlaub mit fünf Sternen
Warm soll´s sein und ungefährlich
An sauberem Strande liegt man gerne

Die Kinder nehmen keine Drogen
Lernen fleißig, wohlerzogen
Sie sollen einmal was erreichen
Und möglichst ihren Eltern gleichen

WARTEN

Wir warten jeden Tag
Auf den Abend auf das Essen
Auf die Nacht und das Vergessen

Wir warten Tag für Tag
Auf Nachrichten und Wochenende
Auf Rechnungen und Baugelände

Wir warten jeden Tag
Darauf, daß einer lacht
Daß es an der Kreuzung kracht

Wir warten Tag für Tag
Auf grünes Licht, auf Bus und Zug
Auf Versicherungsbetrug

Wir warten jeden Tag
Auf Liebe, Lohn und Mietvertrag
Den Anpfiff und den Glockenschlag

So warten wir tagaus tagein
Auf später, dann wird's schöner sein

Wir warten jedes Jahr
Auf Beförderung und Rente
Auf Frau und Kind und Alimente

Wir warten Jahr für Jahr
Auf Weihnachten und graues Haar
Auf Zahnersatz und grauen Star

Wir warten unser Leben lang
Auf Glück und auf den Abgesang
Auf Wunder und den Notausgang

EGAL

Die Vergangenheit ist fern
Und die Zukunft kaum noch wichtig
Du träumst schon noch ganz gern
Und du fragst nicht, war es richtig
Was du tatest, war es gut
War es nicht, was jeder tut ?
Du hast fast alles überwunden
Nur dein leeres Herz noch nicht
Du drehst mit ihm so deine Runden
Doch gehst du immer weiter fort
Sagst dir selbst, was kümmert´s mich
Wohin ich komm, an jedem Ort
Gibt´s irgendwas, das mir gefällt
Das sich mir entgegenstellt
Vielleicht für einen Augenblick
Oder gar für ein paar Stunden
Natürlich ist es nicht dein Glück
Gedanken ziehen wie Sekunden
Manchmal langsam, manchmal schnell
Du winkst zu ihr, der Zeit, hinüber
Nimmst ihr Dunkel, nimmst ihr Hell
Es ist egal - sie geht ja doch vorüber !

DER LOCHFRESSER

Dein Kopf zerfrißt den Boden unter deinen Füßen
Das Loch wirst du mit einem tiefen Absturz büßen
Die Gravität siegt immer gegen die Gebäude
Gegen die Gedanken und ihre Höhenfreude

Dein Kopf schnitt einst die Steine mit Worten aus dem Nichts
Du setzt sie auf zu Mauern nichtigen Gewichts
Das Fundament vergessen der Bauplan war geklaut
Die eigenen vier Wände sind aus Trug gebaut

A 63

Asphalt und Teer sind diese Stunden
Aus weißen Streifen die Sekunden
Die Zukunft steht auf blauen Schildern
Das Auge schwimmt in Fernlichtbildern

Nächte auf der Autobahn
Motor im Kilometerwahn
Die Haut der Welt ist voll von Narben
Dies ist eine von Milliarden

Im Außenspiegel Vergangenheit
Elektrische Augen sehen weit
Scheinen gleißend in die Nacht
Der Kopf ist leer, das Tacho lacht

T 1000

Tausend Stiefel schwarz und kalt
Tausend Tritte auf Asphalt
Tausendfach der Ruf erschallt
Heil Dir, Tod, wir kommen bald !

Eiskalte Hände
Greifen nach Dir
Eiskalte Hände
Sehnen sich nach mehr

Tausend Wunden bluten rot
Tausend Stunden bittre Not
Tausend Flammen, Feuer loht
Tausend Donner lacht der Tod

Eiskalte Hände
Bewegen sich nicht mehr
Eiskaltes Ende

YOUR PRETTY PRIVATE ARMAGEDDON

Dein Himmel ist heut nacht zerbrochen
Hast du das Gas denn nicht gerochen
Sag mir nun wo willst du hin
Da die Träume nicht mehr sind

Dein Planet steht hell in Flammen
Niemand kehrt den Rest zusammen
Undank ist der Welten Lohn
Der letzte Weg, die Explosion

Schwerelose Trümmer treiben
Nichts wird davon übrig bleiben
Das schwarze Loch schluckt alles runter
Das All verdaut gesund und munter

MENSCHLEINÜBERSATT

Aufgewärmte   Fertiggerichte
Infarktgefährdete   Übergewichte
Graugestreifte   Flugzeugsitze
Gewitterschwüle   Treibhaushitze
Parfümierte   Deoseifen
Abgefahrene   Sommerreifen
Vollberuhigtes   Wasserbett
Ungedeckter   Euroscheck
Digitaler   Radiowecker
DIN-genormter   Anschlußstecker
Chlorgebleichtes   Toilettenpapier
Ungeöltes   Deckelscharnier
TÜV-geprüftes   Markenprodukt

Erbrich !
Du hast das Leben
verschluckt

HEUTE UND IMMER

Wir haben soviel abgerissen
Haben unser Herz beschissen
Wir glauben, es wird vorwärts gehen
Auch wenn wir auf der Stelle stehen

Heute und immer
Wir leben in Trümmern
Wir wollen nicht glauben
Daß es immer so war
Daß es immer so sein wird
So sinnlos so wahr

Ich warte dennoch auf den Tag
Da Schwarz und Weiß nicht Grau ergeben
Sondern eine große, bunte Explosion

Ich hege heimlich Hoffnungen
Daß man Zeit und Zwang durchbricht
Und unser Weg nicht immer zum Unsinnsabgrund führt

Ich sehne mich an jenen Ort
Wo Nord und Süden eines ist
Wo man fern im Osten den Westen auch erblickt

Heute und immer
Der Sternenschimmer
Er trifft unsre Augen
Ob wirklich ob nicht
Er zwingt uns zum Sehnen
Doch stillt er uns nicht

SENDESCHLUSS

Der Mond macht keine Nachtschicht mehr
Die Sonne will in Rente gehen
Wo kriegen wir Vertretung her
Wenn wir am Tage nichts mehr sehen

Auch die Sterne wollen nicht mehr
So schwächlich durch das Dunkel funkeln
Und unsere Verfassungsrichter
Seien ratlos, hört man munkeln

Niemand hat noch große Lust
Du tust nur, was du tun mußt
Packen wir die Welt zusammen
Ohne Schreie, ohne Flammen

Der letzte macht die Lichter aus
Zieh noch schnell den Stecker raus
Alles in die Kiste rein
Deckel drauf, dann gehen wir_ _ _ _

Schluss und tschüss

PREIS VB

Wir gehen auf ausgetretenen Wegen
Jeder Schritt ist ein Tritt in die alte Spur
Ferngelenkte Gefühle regen
Unsere neuronale Struktur

Dort wo wir stehen, standen viele vorher
Verkaufe Second-Hand-Existenz
Es gibt keine Terra Incognita mehr
Die unser träges Dasein entgrenzt

Die Heiligen sind schon lange tot
Die Sünden alle schon einmal begangen
Die weißen Gewänder sind schmutzig und rot
Die Zeiten der Zukunft lange vergangen

Nur Traum vom Leben, Drang nach der Macht
In Stunden allein mit der Phantasie
Von großen Gedanken hungrig gemacht
Irren wir durch die Asphalt-Prärie

HERZLUNGE

Die Leiche des Fortschritts lächelt
Noch immer von allen Plakaten
Sie lächelt lebendig für uns
Herz-Lungen-Konsum-Automaten
Sie zeigt ihre dritten Zähne
Gepflegt und strahlendweiß
Kosmetisches Glück
Der Happiness-Chic
Zum günstigen Sonderpreis

Gehirne funktionieren
Treibstoff (bleifrei): Selbstbetrug
Notlügen nähren Nerven
Und Blutkreislaufpumpen dazu

ERNTEZEIT

Erntezeit ! Wir sind bereit !
Die Sichel strahlt des Sieges

Verschüttet Blut will Leben schenken
Den dunklen Ackersgrund durchtränken

Reife Frucht weicht neuer Saat
Die Sturm und Sonne trotzen mag

Wetzt die Messer, denn die Zeit ist reif
Erntezeit ! Wir sind bereit !

STURMGEWEIHT

Wenn der weltenwiegende Wind erwacht
Ist sturmgeweiht die blitzdurchzuckte Nacht
Es tanzt und tobt die unsichtbare Macht
Die über Menschen maßlos lacht

Sturmgeweiht ist auch das hohe Herz
Dort wütet Krieg von Glück und Schmerz
Damit lebendige Kampfesglut
Den Geist erfreut mit Licht und Mut

So liebe ich das Donnergrollen
Das göttliche Lachen und Wehen-Wollen
Feuer schneidet den schwarzen Grund
Sturmgeweiht, stark und gesund !

AN MITHRAS

Der Du im Stierblut stehest
Den Dolch gegraben in flutendes Fleisch
Der Du das Opfer begehest
Den Kampf geweiht dem lebendigen Reich

Der Du im Erdreich wohnest
Dein Heim hast in hohlfinstren Grüften
Der Du dort unten thronest
Sendest das Licht zu den Lüften

Der Du die Feinde beugest
Im Blutbad Dich nährend mit ewigem Sieg
Der Du die Sonnkraft zeugest
Da Du benennest, was jeder verschwieg

DER WELCHER GLÜHT

Des hehren Geschlechtes ward einer geboren
Das Eisen zu schmieden zum schneidigen Schwert
Welches die Einung von Flammen und Geist
Bekrönet mit gleißendem Silberglanze

Wobst Du denn, Gott, an stärkerem Netze
Trugst Du beisammen denn reicheres Gut
Als des schaffenden Menschen Lichtgestalt
Dem nur die Sonne als Spiegelbild galt

Hammerschlag hallt in die Nachtwelt so weit
Vom Glutlichte flackert das Auge entflammt
Erkaltet das Eisen zum Kampfe geweiht
Gewappnet bezog er das Land

Es schwieg alle Welt als leide sie Qualen
Als über sie wanderte der welcher glüht
Das Wort ward von Würmern zu Grabe getragen
Gesänge erklangen vom neuen Geblüt

Er ritt über Wiesen durch einsame Wälder
Zu finden das All und das Eine das brennt
Vergaß weder Städte noch Totenfelder
Die Kraft seines Sehnens kam nicht zum End

THE SUMMER OF SEVERANCE

Now you soar up in the air
High above atlantic waters
A sea of tears for you and me
What a pain our fate has brought us !

I watch the shimmering bird of steel
Fading in the low white clouds
Whispering a last farewell
I sink my head and turn around

Absorbed in thoughts of now-gone times
I´m drifting in melancholy
Imagine your soft lips in mine
You are still a part of me

Your picture in my memory
I´m waiting for the years to pass
Strange winter has come over me
To fill with bitter wine my glass

In the Summer of Severance
Winter´s coming too fast
The Winter of Loneliness
With icy fields so vast

SOMMERREGEN

Friedlich fällt der Regen des Sommers
Wie die Heimkehr nach hitziger Reise
Erste Tropfen, die Welt kommt zur Ruhe
Ergibt sich der Frische der Dämmerung

Zeit der Heimkehr, Zeit der Kühle
Zeit der Ruhe, Zeit der Zweisamkeit

Süße Melancholie des Sommerregens
Zeit der Verklärung,
Der Tag ist Vergangenheit
Erinnerung und Augenblick verschwimmen
Die Zukunft hat ihre Macht verloren

Laß sie uns fühlen, die Tränen des Himmels auf nackter Haut
Laß uns tanzen im Sommerregen bis ein neuer Morgen graut

ABSCHIED

Stählerne Riesen in Vogelgestalt
Stehen noch reglos im Glied
Aus zackigen Augen starren sie kalt
Hinein in verbotenes Gebiet

Singende Stimmen in grellichten Hallen
Rufen Dich in eine andere Welt
Bange Blicke des Abschieds fallen
Aus Augen, die niemand mehr hält

Letzte Worte und erste Tränen
Des Abschieds grausame Diener
Herzen die sich im Sterben wähnen
Wann sehe ich dies Antlitz wieder ?

Schreckenhaft klafft das offene Tor
Es führt Dich fort in fernstes Land
Auf diesem Weg eine Richtung nur
Trennt sich schmerzvoll Hand von Hand

Gitterstäbe, Metalldetektoren
Beschranken eisern den Weg zurück
Es haben sich heute zwei Menschen verloren
Sie dehnen den letzten umnässten Blick

Bleierne Schritte führen Dich fort
Der Blick schon zerrissen noch flattert Dein Haar
Dann steh´ ich, Gefallener am falschen Ort,
Inmitten der Menschen dem Leben so nah

Unsichtbar brennende Düsen reißen
Die Liebe hinweg mit fauchender Macht
Beschneite Neonstrahler gleißen
Ich bleibe zurück am Boden der Nacht

OKTOBER-MÄDCHEN

Mein Oktober-Mädchen
Wurdest Winter, weiß und weit
Ich rief: Laß uns noch leben !
Du flüstertest von Zeit

Rotvergosssen glänzt der Grund
Der uns einst im Spiel vereint
Für immer schweigt Dein kalter Mund
Von teuren Tränen still beweint

Mein Oktober-Mädchen
Riechst nicht mehr nach Laub und Zimt
Siehst nicht mehr den Winter siegen
Der Frucht und Freude mit sich nimmt

DIE BLUME

Nun liegt unsre Blume im Staub
Blätter und Blüte zerstreut
Ich ließ sie fallen wie dürres Laub
Und habe es bitter bereut

Ein funkelnder Stern vor schwarzem Nichts
Stahl ihrer Blüte den Glanz
Es zog mich hinauf zum Himmelslicht
Die Blume vergaß ich wohl ganz

Nun knie ich vor dem zerrissenen Leben
Der Stern verblaßt in der Dämmerung
Die Blume wird nicht mehr zur Sonne streben
Und mir bleibt nur die Erinnerung

WIR GEHEN FRÜH

Morgen gehen wir mit schleichendem Schritt
Wir gehen für immer, wir nehmen nichts mit
Tritt leise, verschweige zum Abschied den Gruß
Sinnlos ein Wort, wenn man gehen muß

Wir gehen bevor die Dunkelheit flieht
Lange bevor die Sonne uns sieht
Ob ihr lebt oder sterbt geht uns nichts mehr an
Am Mittag denken wir nicht mehr daran

Dann sind wir frei und leicht wie der Wind
Wir lachen im Sterben froh wie ein Kind

AUGUST

Es war ein Abend im August
Die Hitze des Tages noch still in der Luft
Wenn die Strahlen der Sonne am längsten sind
Wie eine Göttin, und wie ein Kind

Der Sommer weiß um seinen Tod
Und ohne Zukunft kein Verbot
Sie stand im goldenen Sonnenlicht
Bronze wehte ihr ins Gesicht

Tausend ferne Winterleben
Für den Kuß dieses Sommers gegeben
Die längsten Strahlen sind so warm
Weiß nicht mehr, was nach diesem Sommer kam

WEIHEZEIT

Sekunden dehnen sich wie Stunden
Da ich Deiner Rückkehr harre
Das Warten hat mein Herz geschunden
Es verkrampft in Leidesstarre

Doch ich weiß die Einsamkeit
Hält nicht ewig ihre Macht
Unsere Liebe weiht die Zeit
Die ich in Sehnsucht hab´ verbracht

ANONYMER ENGEL

Es ist mir egal, wie Du heißt
Ob Du morgen meinen Namen noch weißt
Gib mir nur heute Nacht
Dein süßes Gift, das mich glücklich macht

Nur für ein paar dunkle Stunden
Heile alle meine Wunden
Laß uns zusammen ins Nirgendwo fliehen
Drei Augenblicke der Zeit entziehen

Denn für uns beide scheint kein Licht
Die Zeit kommt zurück, wenn der Morgen anbricht
Wir werden beim Abschied nicht weinen
Du gehst Deinen Weg und ich gehe meinen

Mein blasser Engel komm her
Deine Tränen sind schön, Deine Augen noch mehr
Gib nichts mehr auf diese Welt
   Du weißt
    daß alles
     was ist
      zerfällt.

DER LETZTE MORGEN, schon jetzt? Er ist da
Lustloses Licht, steh auf! Es muß sein
Der bleierne Tag erdrückt früh das Lachen
Zwang und Betrübnis und so wir erwachen

So schnell ist vergangen, was gestern noch war
Gerast durch die Einbahnstraße der Zeit
Es wird in dem Bett, das Du machst niemand liegen
Weil am Tag nach dem letzten die Quellen versiegen

Man kann es nicht sehen, doch ist´s überall
So schnell gegeben noch schneller getrennt
Kapitulierende Abschiedshände
Nur ein paar Stunden vom Jetzt ist das Ende

Auf der Fahrt in die Hölle essen wir Kirschen
Wir fahren zu schnell, denn die Herzmuskeln knirschen
Alltägliche Worte, du lächelst so schön
Zu schön immer dann wenn es Zeit ist zu gehen

Aus Schmerzen werden salzige Tropfen
Verzweifelter Unsinn über die Lippen
Gestoßen. Gedrückt haftet Haut noch an Haut
Augen, ein letztes Mal noch schaut

Jenseits der Schranken, der Scheiben, des Blicks
Die andere Seite der Welt ist weit weg
Nun breitet den Raum zwischen uns die Zeit
Wir an den Enden vom Nichts eingeschneit

Und an den Polen ist ewiger Winter
Ist Vakuum, Leere und Eis
Geschwollener Hals, die Augen ertränkt
Mit den Ähren im Lichte den Kopf gesenkt

NACHTMEER

Majestätisch tost die Brandung
Auf in zischender Gewandung
Wellen wogen immer wieder
Auf und sinken rauschend nieder

Schwarze Wasser heben sich
Weißgekrönt aus finstrem Nichts
Des dunklen Ozeans Urgewalt
Erscheint in sprühender Gestalt

Unsre eng umschlungenen Glieder
Streichelte der Ozean
Ein sanfter Nachtwind wehte über
Uns hinweg zum Land hinan

Wie das Meer, an dem wir weilten
Machtvoll, zärtlich, tief und schön
Wie stilles Glück in ruhigen Weiten
Sah ich deine Augen glühen

So lagen wir des Nachts am Strande
An des weiten Meeres Rand
Des Mondes Licht lag überm Lande
Und sein Spiegelbild im Sand

DER BLICK

Ich wühle mich durch grauen Massenmenschenbrei
Der bunt ist aber doch der wahren Farbe bar
Tausend Masken wehen wie ein Sturm an mir vorbei
Rasend schnell doch ohne Ziel. Die Zeit ist rar.

Ich streife stumpfen Sinnes durch Gesichtereinerlei
Als ein Blick schlägt hell durch nebeltrübe Nacht
Der mich bannt in seine Sekundenzauberei
So plötzlich ist die Welt aus tiefem Schlaf erwacht

Wie ein Funke hell und flüchtig leuchtet auf
Signal des Lebens ruft aus dem Tode mich
Haltlos treibend in des Körperflusses Lauf
Tauch´ ich auf zum schon vergangenen Tageslicht

Als ich wahrnahm war sie schon Vergangenheit
Nichts ist von dem frischen Hauch zurückgeblieben
Auf immerfort versunken in Unkenntlichkeit
Wer war sie, o säh´ ich sie, könnt´ ich sie lieben !

Der Blick
Karabiner - Verbindung
- vorher war ich fremd
Allein und losgelöst
Augen verbinden
Ich werde in die Welt gehakt

DER KATARAKT

Im hohlen Sog der Nächte regnet Dein Gesicht
In Tropfenperlen bunt zersetzend in mein Haupt
Die Flut steigt hoch und höher fauchend peitscht die Gicht
Die aus Gewitterdunst und Farben bitteren Trank mir braut

Aus unsichtbaren Wolken fällst Du zu mir herab
In tausend scharfen Splittern lächelst Du mich an
Die Flut ist tief und gräbt ein wogend schweres Grab
Fühlt man ein Herz so zittern, so rettet sich wer kann

Mein Schädel droht zu bersten von des Wassers Kraft
Doch stürzt sich nun der wild beschäumte Katarakt
Hinunter wo der Augen Tränenhöhle klafft

Streichelt mich die Sonne sanft am nächsten Tag
So liegt mein trocknes Auge an salzig-weißem Strand

AN DEN STÄHLERNEN ENGEL

Metallener Engel im Stahlgewand
Spiegelst versilbernd Magnesiumlicht
Trägst auf dem Haupte den Stacheldrahtkranz
Glitzernde Maske ist Dein Gesicht

Erhebst Dich aus flüssigem Kältebad
Von frostigen Nebeln umraucht
Dein Körper geflochten aus Platten und Draht
Vom Strome des Lebens durchhaucht

Deine Augen, o Engel, sind gleißendes Weiß
Kein Mensch kann erschauen den Blick

Deine Hand, o Engel, ist tötendes Eis
Zerfrierest ein jegliches Stück

DER MORGEN

Geisterhaft die Nebel schweben
Über taubenetztem Grün
Die Welt erwacht zu neuem Leben
Wolkenwipfel rotgold glühen

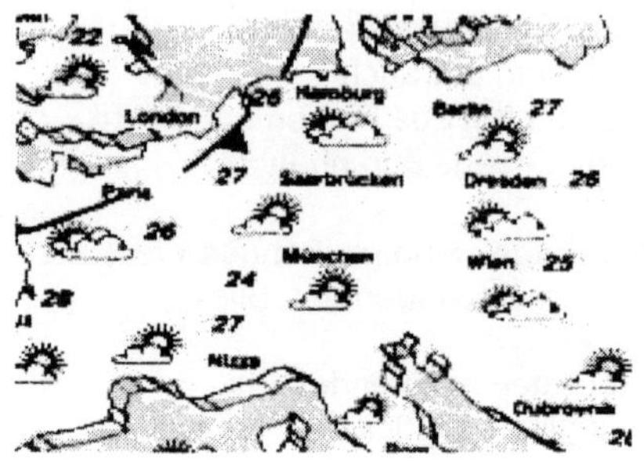

Aus des Ostens Tiefe steigt
Die Feuerkugel dunkelrot
Die uns erste Strahlen zeigt
Besieget hat sie Nacht und Not

DER ABEND

Am Abend blicken die Häuser
Mit ihren Spitzen nach Westen hinaus
In ihren Augen spiegelt sich
Das rötliche Gold des Sonnenlichts

Die Dächer lassen sich schmiegsam gebeugt
Von letzten langen Strahlen streicheln
Perspektiven sind weich geworden
Die Mauern leuchten, trennen nicht

ALLERHEILIGEN

Golden rascheln letzte Blätter
Von zartem Sonnenstrahl behaucht
Säuselnde Winde, sanfte Wetter
In herbstlichen Glanz getaucht

Von letzter Wärme noch umspielt
Dem Lauf des Jahres treu ergeben
In Dämmerung die Welt gehüllt
Erwartet still des Winters Wehen

Bald wehen dort, wo Farben glühen
Eisige Stürme durch weißes Land
Lebendiges leidet Lebensmühen
Im festen Griff der frostigen Hand

NOVEMBER

Die Novembernebel hüllen
Schwarzen Tann in Schleier ein
Milliarden feiner Tropfen füllen
Die Luft. Es wird bald Winter sein.

Das Laub einst licht und farbenfroh
Vom Baume prangte in die Welt
Zu Erde wird es braun und roh
Nun da es zu Boden fällt

Kahl zieht sich des Weges Band
Durch graugewordenes Dämmerland
Der Wanderer lahmt, die Vögel schweigen
Die Tage früh zur Nacht sich neigen

EIN BAUM IM DEZEMBER

Knorrig, kahl und schwarzgerankt
Ragt er zum Himmel empor
Es war die Zeit als der Herbst versank
Da er die letzten Blätter verlor

Ohne sein prächtiges Sommerkleid
Erwartet er still das frostige Leid
Schmuck tut nicht not in harter Zeit
Es zählen die Kraft und die Tapferkeit

Bald wird er das Weiß des Winters tragen
Mit Ästen knarren und doch nicht verzagen
Der Tod umkreist ihn auf fahlem Pferde
Doch er wird leben, blühen und werden

WINTER

Es schneit in mein Leben
Ich gehe auf Eis
Die Zeit gefriert in den Uhren und

steht

Der Frost bringt Frieden
Ich gehe bedacht
Die Menschen erstarren in weiß und

still

Der Schnee schluckt Stimmen
Ich höre nur
Den eigenen, knirschenden Gang und

frei

Allein zwischen Himmeln
Auf Erden allein
Am Horizont frieren sich beide in

eins

LUNA

Weißes Licht, genarbte Kugel
Der Ferne Auge hoch am Himmel
Silberquelle, Lichtoase
Insel in der Finsternis
Nachtgestirn, erbleichte Sonne
Heller Zauberstein im Nichts
Geheimnisstreuer, Sternenmitte
Lichtloch in der Dunkelheit

SÜDHALBKUGEL I

In den Himmel ragen Palmen
Der Wind tanzt sanft in ihren Halmen
Sie leuchten grün im Schein der Sonne
Sie wiegen sich in Lebenswonne

Farbenfroher Blütenduft
Durchdringt die warme Abendluft
Die See glänzt auf in Schimmerpracht
Ein Sternenmeer, das leise lacht

Friedlich sinkt die Sonne nieder
Nach frischer Nacht erwacht sie wieder
Schenkt dem Werden Ewigkeit
Wohl Euch, die Ihr Zeugen seid

SÜDHALBKUGEL II

Die Sonne hat´s heut morgen schwer
Sie kämpft sich durch den Schmutz am Himmel
Sie scheint so schwach durch Ruß und Staub
Wir sehen trüb durch müde Augen

Wir sind das Heer der Blinderwachten
Wir sehn ins Nichts und hören weg
Die Gedanken noch in Träumen
Den Fuß schon auf dem Gaspedal

Die Blechlawine rollt und stockt
Wir schwimmen willenlos im Strom
Rote Ampeln, Bremsen quietschen
Hupen, Fluchen, wieder zu spät

Die rostzersetzte Motorhaube
Ziert ein Mutter-Gottes-Bild
In ihrem Schutze fährt man sicher
Im Jenseits gibt es niemals Stau

Von den fleckig-grauen Wänden
Reden Zeichen auf uns ein
Die wir nicht verstehen können
Bevor wir denken wird es grün

Millionen Menschen jeden Tag
Die sich verkaufen, um zu leben
Um Kohlenmonoxid zu atmen
Hier im Wahnsinn aus Beton

Die Warenhäuser blinken, leuchten
Locken wie das Paradies
Kaufen, Konsumieren, Sterben
Das Glück ist heut im Angebot

Entlang der Straßen laufen Kinder
Verkaufen Blumen, spielen im Müll
Sie haben ein Haus aus Wellblech und Brettern
Mit Blick auf die Chemiefabrik

Doch dort auf ihrer alten Kiste
Steht ein beleuchtbarer Erlöser
Sie können nicht lesen doch sie wissen
Gott liebt alle seine Kinder

Er sitzt im klimatisierten Wagen
Und fährt wie wir durch diese Stadt
Auch er will möglichst schnell nach Haus
Doch liebt er alle - tagein, tagaus

ERUPTION

Es kocht der Planet seiner Freiheit entwöhnt
Sprengt er das Krustengewirk
Brodelnde Bäche von Flammen gekrönt
Stürzen hinab vom Gebirg

Hervor bricht die feurige Urgewalt
In donnernden Explosionen
Ergießt sich über der Erde Gestalt
Um über dem Lande zu thronen

Wirbelweißglut, Feuerfluten
Flüssig-heißes Urgestein
Plasma-Blasen, Berge bluten
Nacht erhellt vom Lavaschein

✝-✝-✝-✝-✝-✝-✝-✝-✝-✝

EINSCHMELZE

Grünbraunschwarz und oxidiert
Geht die Ewigkeit zu Ende
Krantechnik gegen weisende Hände
Das Feste zu feuriger Schmelze zurück
Gewesener Willküraugenblick
Illusion deponiert zurückgelassen
Der Anstieg der Auferstehungsfrequenz
Der Mortalität, der Massentrends
Bevor die Figuren die Formen verlassen
Bevor sie erkaltet sind, sind sie veraltet

VERS MASS LOS

Leben ist, was sich verwandelt
Was unaufhörlich schaffend handelt
Die Kraft, die neue Formen fügt
Ewig   mit sich selbst
vergnügt
Ein jedes Ding hat für und wider
Drum singen wir so viele Lieder   Von des Einen
höchsten Glück
Oh, meine Freunde, seht Ihr´s nicht ?
Und des anderen Mißgeschick

Einsamer Freiheit Himmelslicht
Über uns ist nur die Sonne
Wandelnd in strahlender
Wonne
So grundlos leicht dahin zu schweben
UnWirklich Wahrhaft scheint die Welt

Ich laß entgleiten was mich hält
Träume und verlorene Tage
Dem Lebenstaumel hingegeben
Brennen in den Besten

Schatten längst vergangener Jahre
Liegen auf den Resten
ToT ist Sie, hat Sie gelogen
Hat Sie ihr Kindeskind betrogen

Damals   Heute   Übermorgen
Man trägt ein Loch in sich verborgen

WEISSBLECHNACHT

Straßenlampen stehlen der Sterne Glanz
Motorenbrummen, Weißblechklappern
Einst ließ der Wind die Bäume singen

Die Sichel ertrank im Neonmeer
Zu farblos, zu weit entfernt ruht sie
Ihr Anblick ist uns Ärgernis
Zu einsam dort oben auf schwarzem Tuch

Meine Füße fühlen den Boden nicht mehr
Nur noch den toten Straßenbelag
Meine Augen sehen die Nacht nicht mehr
Nur noch den kalten, elektrischen Tag

Diese Nacht hab´ ich allein durchwacht
Doch... was habt ihr mit der Nacht gemacht ?

SOLARIS

Im Korridor der Ewigkeit
Im Dunst der Selbst-Unendlichkeit
Rätselnd vor dem Kryptogramm des Ichs
Zuviel Dunkel für das fahle Licht
Sein schwacher Schein streift Weltenbahnen
Läßt tiefe Schönheit nur erahnen

Im Dämmerlicht zieh ich umher
Und vor mir nur das schwarze Meer

Ozean der Ungewißheit
Gebrechenhafter Gott der Zeit

POESIE

Apokalypse in bunter Apathie
Vergessen von Menschen gemacht
Lieder wie schwarze Regenbogen
Aus verstreuten Teilen eines Herzens
Von zitternden Händen errichtet
- ganz nebenbei -
Unmerklich, grell, verstohlen
Schlingt sich der Blick aus gefrorenen Ranken
Um Menschen in Wänden aus
Scheinbar verzierter Dunkelheit
Zur Dekonstruktion des Gewesenen
Aufbrechend hin zum nicht faßbaren letzten Satz

Kannst Du leben ohne Krücken ?
Kannst Du tanzen wie der Wind ?
Kannst Du in die Sonne blicken ?
Bist Du heiter wie ein Kind ?

Stehst Du fest auf Deinen Füßen ?
Willst Du trotzen starkem Sturm ?
Willst Du leben oder büßen ?
Bist Du Adler oder Wurm ?

Bist Du frei von kleiner Rache ?
Kannst den Niedrigen verzeihen ?
Kannst Du statt zu hassen lachen ?
Kannst Du wahrer Adel sein ?

Kannst Du Einsamkeit ertragen ?
Bist Du stark genug für Dich ?
Kannst Du Dir die Wahrheit sagen ?
Schaust Du ganz tief in Dein Ich ?

Brauchst Du Führerwort und Segen ?
Folgst Du fügsam einem Herrn ?
Oder gehst Du eigne Wege ?
Sag, bist du Dein eigner Stern ?

RAUSCHGEBURTEN

- ausgebrannt
Niedergeschlagen an den Fassaden
Leblos instabil nur Wand
Ausgebombt die Schwaden
Von Rauch verzaubern nicht

- ausgebrannt
Verbraucht wie Feuerwerksraketen
Naß und zertreten
Am Morgen nach dem Millennium
Alles anders im Tageslicht

- ausgebrannt
Strontium-Sterne, Supernova
Noch in der ersten Nacht
Im dunkelblauen Land Atlantis

Nun am Grund ein Märchen
Ein Mythos bloß von Tiefseeschätzen
Und niemand hebt die Goldgedanken

OVERLOAD

Wie Hurricane Mitch, wie Honig ums Maul
Wie Stanzen und Stempel, wie Lehrer Lempel
Wie Presswerk, Predigt, Brandanschlag

Im Bauch der Schlange
Wir zuckeln und dämmern
Durch Weltreflexion in Sicherheitsglas
Ritzendes Knirschen, stumpfes Röhren
Träge, verstopft und aufgepfropft

Wie süßliches Säuseln, wie Martinshorn
Wie Wahlplakate, wie Doppelkorn
Wie Bremslichtrot und Unfalltod
RTL aktuell grell rationell

Wir verkreisen in Warteschleifen
Bereisen die Welt mit Winterreifen
Massieren die Erde mit Gummiprofil
Die Engel der Geschichte sind doch nur
Böse Wichte und Gelichter in den Trichter - Schabernack

In Quadern, in Blöcken, in Waffenröcken
Wie Foulspiel, Fahnen, Fehlermeldung
Allgemeine Schutzverletzung

Ohne
Steuerung
Alt, dann
Entfernt

HAUCH

Unendlichfältiges Leben
In zwei Dimensionen eingezwängt
Namen Schwarz auf Weiß geschrieben
Die unbeständig Willkür zeigend
Nur ahnen lassen das was ist
Was hinter jeder Zeile
Unsichtbare Tausend schreibt
Einsamer Abzweig von Zweig vom Ast
Des einen großen Stammes
Ins Nennbare hinausgespreizt
Vom Unaussprechbaren nur Hauch

DAS STREICHQUARTETT

Die Uhren eingestellt
Die Mannschaft angeschnallt
Die Saiten sind gestimmt
Die Bogen straff gespannt
Das Triebwerk ist bereit
Mit Treibstoff vollgetankt

Im sich verbennenden Geschoß
Reiten sie hinaus
Die Melodie in ihren Ohren
Das Donnern außen vor

Schon lange sind sie schwerelos
Doch der Countdown läuft noch immer
In ihren Instrumenten Elektronikdirigenten

Das Spiel beginnt. Das Streichquartett
Gibt den Sternen ein Konzert
Dem Klang nur hingegeben
Der phosphoreszierenden Partitur

Die letzte Note zündet
Scheint in Unendlichkeit hinaus

DIGITAL

Digital ist 0 und 1
2 sind sie zusammen
Und alles was Du willst
Ein Zauber nur aus Nichts und Ziffer
Wirklich fast doch virtuell
Welten gleich doch keine wahren
Was Zufall scheint doch Fehler nur
Simulation der Existenz
Transistortraum und Nervenrausch

NOMADENHEIMAT

Zurück in der Stadt die ich nicht kenne
Nomadenheimat sollst du sein
Laß uns so tun als wärst du es
Benimm dich einfach unauffällig
Dann falle ich nicht auf
Die Namen der Haltestellen
Alle sind sie mir bekannt
Ein Fremder der die Fremde kennt
Und seine Bettstatt für die Nacht
So sitzen wir uns gegenüber
Diese Stadt und ich
Das Mittagessen war o.k.
Die Asphaltbahn führt mich hinaus
Ich weine nicht. Mir tut nichts weh

VAKUUM

Nur ein Tag, ich glaube im April
Alles verschoben auf nächste Woche
Kein Regen auch kein Sonnenschein
Vorläufiger Stillstand
Im Westen nichts Neues - das Gleiche im Osten
Gedanken in überhörter Musik
Die Zeiger drehen sich um sich selbst
Auf ziffernlosen Blättern
Eigenschaftslose stehende Stunden

Ich wollte etwas tun
Gestern Nacht, hab´ ich gedacht
Ich müßte etwas tun

Taten totgeboren, Vakuum erwacht

REDE & ANTWORT

Cicero redet montags zu uns
Wir schweigen dann meistens denn wir
Wir können ihn nichts mehr fragen
Und wenn er leibhaftig vor uns stünde
Wir ließen ihn reden und gingen nach Hause

Zuhause redet ein Bildschirm zu uns
Wir schweigen normal nur ab und zu
Äußern wir Staunen und Ärger mal so
Doch meistens sitzen wir müde davor
Sitzen und liegen in Ohnmacht dösend

Im Traum dann reden wir selbst zu uns
Doch hören wir nichts, weil wir sprechen müssen
Wir fragen uns, fürchten, desorientieren
Verdeckte Ermittler im Nervengeflecht
Die Antworten fehlen uns jeden Morgen

Dienstags redet jemand zu uns
Mittwochs
Donnerstags
Freitags
Samstags
Sonntags auf Steinen unsere Namen
Antworten stumm für immer

KRAFTWERK

Kühl
Wasser Brenn
Stab Beton
Mantel
VerlustderKontrolle

Die Kraft wirkt
Endlich schmilzen die Dinge
Materietaucher tauchen nicht auf
Es gibt keinen Grund im Kernteilchenmeer

Ich saß auf dem Kraftwerk, die Sonne schien sanft
Ein Schwan, eine Rose, ein Helium-Kern

KOPFTERRORISTEN   im Traum Anarchisten
Mit Kronen auf berstenden Hirnen
Windmühlenkrieger, Spiegelfechter
Die Sprache die stumpfe, unehrenhafte
Waffe gegen die Einsamkeit

Immer nah, immer da
Die Lunten die brennen, die Menschen die rennen
Die weder Ziel noch Namen kennen

Explosive Gemische. Die Größte
Anzunehmende Unsinnigkeit
Gefahrguttransport ohne Warnhinweise
Die Bombe Nachtbegleiter im Schlaf

Ich und die die ich nicht kenne
Suchen lang schon keine Dinge mehr
Willkommen wären Worte bestünden sie im Licht
Am Ende gibt es Klänge nur
Und schweigt mir bloß beim letzten Schluck -
Mehr können wir nicht tun

Immer vergangen, immer gefangen
Die Zeit die uns frißt, unser Leben vergißt, täglich fremdere
Fahnen hißt

Sprengstoff auf Eis, der Funkengrund
Tief und nah und unter dir
Nichts ist sicher Sonnen stürzen
Schon gelegentlich zusammen

Dein eigener Abgrund immer am Mann
Laß die Hand nicht los -
Wenn du fällst wird der Sturz nie ein Ende finden

WAHN[1]

Genuß der bescheidenen Idiotie
Alltägliche Freude am stillen Wahn
Schöner bunter Schmerzenkosmos
Wir lachende Wichtigtuer darin
Alles ist Brand - Die Luft und das Land
Verbrennen die einen und warm...
Genug bekommen wir nie davon
Vom Warten auf die große Flut
Ungeduldsengel in Narbenhaut
Groß ist das Glück der Gleichgültigkeit
Verzeihen wir alles - Vergessen wir Schuld
Der Sprung der Befreiende hoch und weit

Und Regen perlt an Scheiben ab
In jedem Tropfen Licht zerstäubt

WAHN₂

Perlen tief im Raumgefüge
Platzend, sprühend, sich zersetzend
Mikroskopisch explodierend
Tausendzahl der Feinstpartikel
Überschuß der Weltgewitter
Blitzkrieg, Stoßkraft, Energie
Farbenschußbahn - Idiotie

FRUSTRATION INTELLEKT

Realitätenschichten lagern umaufineinander
Gefängnisgebäude gedankenvergittert
So aber anders auch wahr nicht noch falsch
Von Planung und Blick bleibt Blindheit zurück
Wahrnehmung kategorienseziert
Logikgelüste zerstückeln die Welt
Aufklärungsabsicht verfangen
In indefinit vernetzter Struktur
Im Konglomerat der Ideen,
In Ursachenflut, in Sinnlosigkeit
Im Kollaps des Intellekts

AUGEN

Des langen Tages Energie
Findet scheinend sich zusammen
Bilder und verlebte Zeit
Schmelzen, Tanzen und Verlangen
Schwere Herzen blauluftschwebend
Beben, Macht und Gipfelruhe
In Abendsonnenaugen

Sommerabendaugen
Leuchten nachterwartend tief
Geisterbannend regungslos
Nur stillezeugend, Glutkraft
Alle bösen Träume brennen
Funkensprühend und verglühend
In Abendsonnenaugen

Glühdraht spannend festgemacht
Am ersten Licht des neuen Tages
Fünfuhrfrühe: Blickgeburt
Steigt das Leben aus den Bergen
Glitzertraumstaub von sich werfend
Nebel weichend Irisstrahl
Die Morgensonnenaugen

MÖCHTEGERN

Ich möchte Deinen Kopf halten
Alles fernhalten
Aus Deinen Augen
Die bösen Träume saugen
Denn ganz unten tief darunter
Sind wir zu zart und zu verwundbar
Ich begleiche meine Schuld
Bitte, bitte hab Geduld
Nur noch ein paar Ewigkeiten
Voller Unvollkommenheiten
Ich möchte Dich
Umarmen warmen Atem meinen Namen
Flüstern hören
Soll nichts stören uns gehören
Sollen Augen und der Blick

Die schwarzen Wolken regnen aus

DIE BUCHT

Der Schildarm gegen den Feind
Unsichtbar stark überall
Kann er lauern
Wo ist das warme weite Land
Die Hand und
Der Wind wo sind
Die Stunden
Aus Goldstaub und Oktoberlaub
Vergangen Verlangen ist
Was bleibt und antreibt
Zur Flucht in die Sehnsucht
Die Bucht
Dann zischt die Gischt
Und der Ozean
Taucht den Wahn
In blaue Wellen
Stromschnellen

ÖPNV

Die Jahre haben das Lächeln
Das Grundlose aus den Gesichtern
Den faltendurchzogenen ausgesogen

Alltägliche Überdosen haben
Das Leuchtende unverhohlen
Unbemerkt aus den Augen gestohlen

Der Überdruß hat seine fahlen
Fassaden vor den Beraubten
Vor den Beschämten aufgebaut

Sie sitzen still da und tragen
Gemeißelte Müdigkeitsmienen
Durch das beschilderte Labyrinth

Die Gleichgültigkeit der Gefühle
Der Ungeduld nur sich gebeugt
Dem Durchhalten bis zur nächsten Station

Suche beim Stehen festen Halt
Der Nothammer schlägt sie in Splitter
Die Normapathie auf Asphalt

14 ZEILEN NACH 12

Getrottet durch Millionenstädte
Schwere Lider vor den Augen
Gegähnt bei bunten Bürgerkriegen
Zum einsamen Frühstück Olympiasiege
Gefahren an unseren Fenstern vorbei
10.000 Autos am Tag

Take this tears from my eyes
Singt die gesendete Stimme
40 Jahre bestimmt schon alt
Elektromagnetische Gegenwelt

Geträumt, gelangweilt, aufgewacht
Im Quader aus umbauter Luft
something will happen
good things will come

0:01 - William In Love

Neben mir saß Sie & weinte
An meiner Seite als der Poet
Der Leinwand seine Liebe verlor

Als Namen auf staubigen Stoff gestrahlt
Schleifend sich schließend unlesbar wurden
Als dunkle Menschensilhouetten
Die Liebe der Leinwand plötzlich verdeckten
Aus umgestürzten Tintenfässern
Liefen sie aus, darauf, hinein & schwarz
Auf Falten, Wellen, gebrauchtes Papier

An seiner Seite keine Hand
Zu goldener Marter, Sehnsucht verdammt
Die Liebe verbannt in die leere
Grausam leere Neue Welt

Darunter gehen wir in die Alte
Unter dem grün-weißen Leuchtsymbol

Autoschlüssel passen ins Schloß
Köpfe wie heiße Töpfe im Schnee
Mit Tropfen außen, Chaos &
Der Subversiven Melancholie
Im Regen irrende Euphorie

Wohl war ich glücklich als
Mein Kugelschreiber Worte
Aus weißen Dimensionen stahl

--------------------------Denn lauter wurden Ihre Schritte

ARDITI

Die Dolche gezückt
Bis zum Himmel entrückt
Metallene Spitzen ausgestreckt
Als Kronen der Arme aufgesteckt
Brutaler Brand der Jugend
Im brachen Land der Tugend
Die hier verglüht, aus Asche erblüht
Die neue Saat, als kühne Tat
Für einen unsterblichen Sommer
Schwarze Flammen lodern
Mit Schädeln auf den Herzen
Reichen dem Dämon lässig die Hand

Wer gegen uns?
Im glühenden Herbst
Wenn Feuerschimmer tanzen
Auf leichter lächelnden Lippen
In gespitzten, spähenden Augen
Im Rausch des gemeinsamen Schritts
Im Traum der Macht, unverwundbar
Farbenfroh, blutig und schön
Bereit den Himmel im Sturm zu nehmen
Bereit zu töten, zu küssen, zu säen

Achtzig Sommer später stehen
Wir zusammen auf den kalten
Ergrauten Lavastraßen
Größere Brände sind verraucht
Dämonische Illusionen verbraucht
Rot von Blut und braun von Schmutz
Liegen sie eingeschmolzen
Gigantischer Stein im Schoß der Erde
Auf der wir unsere Wege bauen

HEUTE

Die Nachrichtensprecherin hat gesagt
Ein Mann hat heute fünf erschossen
Die Professorin hat gesprochen
Von Eros und Vergänglichkeit
Ein Bekannter hat geredet
Von Krieg und Händen und von Blut

Mich hat wirklich mehr gestört
Daß die Sonne heut nicht schien

UNTEN VOM DORF

Sonnenperlenketten über Land gespannt
Die Welt steht unter Strom
Unser Stern und seine Wolken
Bauen einen Dom
Aus Licht
Das sich in Windschutzscheiben bricht
Dort unten
vom Dorf steigt Rauch
Majestätisch lautlos auf
Und der Kirchturm im Abendschein
Kein Tag soll schöner sein als
Das Heute die Beute
Aus dem Schatz der Zeit
Die Straße hinunter
Ein goldenes Band über Land gespannt
Glitzernde Karosserien wie
Kompakte abstrakte Euphorien
Ohne Angst davor dass die Quellen versiegen
Schwerelos wenn Minuten nichts wiegen
Vergehen die Regeln neben
Lichtkegeln und den Massen
Winziger Millionen von
Glücklichen Dämonen die
In Sonnenperlen wohnen

AUSZENPOSTEN

Ich wünsch mir ein Auge im Himmel
entFesselballon überm blauen Planeten
Oase im Orbit, ein Auszenposten
Ein Aufklärungsflug ohne Bodenstation

Ich wünsch mir ein Auge im Gestern
Besucherplatz in der Vergangenheit
Die Freiheit will ich in Dimension 4
Ein Periskop aus dem Untersee-Jetzt

Ich wünsch mir ein Stuhl hinter deinen Augen
Den Zugriff auf Insider-Information
Innensicht neuer Wahrnehmungswelten
Den Tauchgang im psychO-Ozean

Ich wünsch mir ein Fuß in der Atmosphäre
Die Stillegung aller Schwerkraftwerke
Rundum(michselbst)sicht Allperspektive
Ich wollt ich wär Blickwinkelmillionär

TEL.:

Aus meinem Mund verschwinden Worte

Magnetisch in ein schwarzes Band
Eilen auf metallenen Wegen
Durch Kontakte in die Wand
Fallen tief und ungehört
Stimme gräbt sich durch die Erde
Auf Wellen reitend ungestört
Fliegt im Tunnel unter Land
An der Zeit vorbei zum Ziel
Demoduliert durch Deine Hand
Die Membran erzittert, schwingt

Aus meinem Mund sind es die Worte

BLAUWACHE

Das Blau des Himmels
Im Tempel verwahrt
Mit weißen Feuern
Für immer erhellt
Hüter der Farbe der Höhenluft
Frischer Duft in den Hallen aus Licht
Die Mäntel aus Traumstaub leicht
Ein zartes Gesicht
Unendlicher Blick
Die Krieger der Schwebe wachen

SEINSSTÜCKE

Kristallin und lebendig
Glücksgeschosse und Blutlachen
Lügen und alles was zählt
Tot und Geschehen
Im Abglanz geschmolzener Spiegel
Aus der Mitte des Lebens
Vom Rande der Welt

Unsichtbare Meteore in Hirnschalen verglüht
Zeichen geworden, erkaltet

Der schwarze Rückstand bleibt

- 273 °C

Kein Teilchen
Bewegt sich
Stillstand
Nullpunkt

Es war einmal anders
Es gab einmal Leben

Als der Frühling aus Deinen Augen lachte
Als der Sommer süße Früchte brachte
Als wir von unserer Liebe tranken
Uns singend in die Arme sanken
Als Dein Haar wie bronzener Wind
In der Abendsonne wehte
Als die Freude, unser Kind
Sich mit uns im Reigen drehte

Es ist nun anders
Es gibt nun Einsamkeit
Denn der Tod entzweit
Doppelte Einsamkeit
Denn der Tod entzweit
Weit, die Zeit
Geweihter Zweisamkeit
Es ist nun anders

Kein Teilchen
Bewegt sich
Stillstand
Nullpunkt
Eis

INHALT

+-+

-273°
Luftleerer Weltenraum